Quelle Histoire

Édition et conception : Quelle Histoire SAS. 22, Villa de Lourcine 75014 Paris
Illustrations : Bruno Wennagel, Mathieu Ferret, Vittoria Macioci, Sophie D'Hénin, Mélanie Ayusawa
Textes : Patricia Crété

Siège social : 22, Villa de Lourcine 75014 Paris

www.quellehistoire.com
contact@quellehistoire.fr

Achevé d'imprimer en France par Pollina (85) - 88269d

Dépôt légal mars 2019

Loi n°49-956 du 16 juillet 1949 sur les publications destinées à la jeunesse

PEFC™ 10-31-2841

FABRIQUÉ EN FRANCE

HÉLÈNE

LA NAISSANCE

Une drôle d'histoire que cette naissance ! Tu vas voir... Alors que Léda, la reine du royaume de Sparte, se baigne dans le fleuve Eurotas qui coule en Grèce, un cygne se pose auprès d'elle. C'est le dieu Zeus qui s'est déguisé. Elle est surprise et un peu inquiète, mais l'oiseau aux grandes ailes blanches ne lui fait aucun mal. Zeus et Léda s'unissent sur la rive du fleuve, puis le cygne rejoint l'Olympe, la demeure des dieux. La reine pond alors un œuf ! Soudain, il en sort deux bébés criards : une petite fille nommée Hélène, qui signifie « éclat du Soleil », et son jumeau prénommé Pollux.

LE SERMENT DE TYNDARE

Hélène a grandi et est devenue une belle jeune femme. De nombreux princes veulent l'épouser ! Son père adoptif, le roi Tyndare, est embêté. Qui choisir ? Il prend alors conseil auprès d'Ulysse, le roi d'Ithaque, qui aimerait bien, lui, épouser sa nièce Pénélope. Ulysse va lui donner une idée : convoquer tous les jeunes gens et leur faire prêter serment chacun leur tour. « Je m'engage à accepter le choix de Tyndare. Je m'engage aussi à venir au secours du mari choisi pour Hélène en cas de besoin », disent-ils. Et comme le roi l'avait promis à Ulysse, il va l'aider à épouser Pénélope.

LE MARIAGE AVEC MÉNÉLAS

Parmi les prétendants, c'est Ménélas qui est choisi. « C'est toi Ménélas, frère d'Agamemnon, que je prends comme époux », déclare Hélène. Le mariage donne lieu à de grandes fêtes. Des banquets sont organisés, ainsi que des jeux où l'on mesure sa force, son adresse et son courage. On vient de toute la Grèce pour assister à cet événement. Sparte est en joie ! Le couple mène une vie des plus heureuses au palais. La famille s'agrandit : Hermione, une petite fille, naît la première, suivie d'un garçon, Nicostrate.

Rien ne pourrait venir troubler cette harmonie...

III

LE JUGEMENT DE PÂRIS

Pendant ce temps-là, loin de Sparte, au mont Ida, le jeune berger Pâris, fils de Priam le roi de Troie, est choisi par Zeus pour régler une dispute entre déesses. Il s'agit de savoir qui est la plus belle entre Héra, Athéna et Aphrodite. Chacune tente de le séduire. Héra lui dit : « Je te promets de régner sur l'Asie et l'Europe. » Athéna renchérit : « Je te promets les plus grands succès guerriers. » Aphrodite prend la parole à son tour : « Moi, je te promets la plus belle des femmes. » Pâris n'hésite pas très longtemps. Il déclare qu'Aphrodite est la plus jolie des trois déesses et lui offre une pomme d'or.

L'ENLÈVEMENT

Quelque temps plus tard, Aphrodite organise le départ de Pâris pour Sparte. Il arrive en tant qu'ambassadeur du roi de Troie et est reçu au palais par Ménélas. Tout se passe bien jusqu'au jour où le roi quitte la ville pour aller à un enterrement. Le prince rencontre alors Hélène et la promesse d'Aphrodite d'offrir à Pâris la plus belle des femmes se réalise. « Fuyons ensemble... ou je t'enlève », dit le Troyen. Hélène, sous le charme de cet homme si sûr de lui, décide de le suivre. Elle quitte son foyer et son royaume pour s'enfuir à Troie.

Lorsque Ménélas rentre à Sparte, Hélène a disparu.

LE DÉBUT DE LA GUERRE DE TROIE

Tous les chefs grecs, respectant le serment de Tyndare, se mobilisent. Aux côtés de Ménélas, ils vont aller libérer Hélène. C'est ainsi qu'est déclenchée la guerre de Troie qui va durer dix ans. Les grands guerriers sont là, comme Ulysse, Patrocle, Agamemnon et Achille. « Allez, en route... Il est temps de partir », s'écrie Ménélas. La flotte des Grecs, toutes voiles dehors, traverse les mers et débarque sur la plage au pied des hautes murailles de Troie. Les combats et les défaites s'enchaînent. Les déesses s'en mêlent : Aphrodite est du côté des Troyens, Athéna et Héra du côté des Grecs. Que faire ?

VI

LE DUEL ENTRE MÉNÉLAS ET PÂRIS

On décide d'organiser un duel entre Ménélas, le mari, et Pâris, l'amoureux. Le vainqueur pourra avoir Hélène auprès de lui. Les deux hommes, protégés par de lourds boucliers et des casques à crinière, sont armés de javelots et d'épées garnies de clous d'argent. Ménélas, dont l'épée a été cassée, bondit sur Pâris, s'empare de la courroie de son casque et cherche à l'étrangler. « Je vais te tuer », hurle-t-il. Aphrodite fait alors tomber un épais brouillard et enlève Pâris qu'elle transporte en lieu sûr. Incroyable ! Ménélas, déclaré vainqueur, devrait retrouver Hélène et la guerre se terminer...

LE « BOUILLANT ACHILLE »

Après le duel, Hélène refuse de quitter Pâris : « Non, non et non, je ne veux pas retourner à Sparte avec Ménélas. Je reste à Troie. » Une décision lourde de conséquences puisque la guerre va continuer. Parmi les combattants grecs, Achille est l'un des meilleurs. On dit qu'il aurait tué plus de 70 Troyens ! Mais il a un gros défaut : il est coléreux, d'où son surnom de « bouillant Achille ». Peu importe, il se bat sans jamais reculer et semble invincible. Et c'est peut-être vrai, car quand il était bébé, sa mère l'a trempé dans le Styx, le fleuve des Enfers, en le tenant par un pied.

VIII

« PÂRIS DE MALHEUR »

Celui que son frère Hector a surnommé « Pâris de malheur », car il le rend responsable de cette guerre, est reparti au combat. Au plus fort de la bataille, il tire une flèche vers Achille, le touche au talon et le tue. C'était la seule partie de son corps qui n'avait pas été plongée dans le fleuve et qui était restée fragile, d'où l'expression « talon d'Achille » pour évoquer une faiblesse. Les Grecs font alors appel à Philoctète, un guerrier qui possède des flèches très spéciales... elles ne ratent jamais leurs cibles. Et c'est ainsi que Pâris, touché par l'une d'elles, va mourir. Mais la bataille n'est pas finie...

ULYSSE ET LE CHEVAL DE TROIE

Ulysse, le roi d'Ithaque, est parti comme tous les princes grecs à Troie pour libérer Hélène. S'il n'aime pas du tout les armes, il est très rusé… Comme les Grecs n'arrivent pas à s'emparer de la ville, il va avoir une idée géniale. « Nous allons construire un cheval en bois et nous nous cacherons dedans, dit-il aux chefs guerriers. Les Troyens, croyant qu'il s'agit d'un cadeau, vont ouvrir les portes de la ville et le faire entrer. » Sitôt dit, sitôt fait. Le cheval de bois est rapidement conçu par Épéios et c'est ainsi que les Grecs, Ménélas en tête, vont enfin s'introduire dans la cité.

LES REMORDS D'HÉLÈNE

Mais Hélène, qui se doute de quelque chose, manque de tout faire échouer en tentant de prévenir les Troyens de la présence des Grecs à l'intérieur du cheval. Heureusement, elle change d'avis et, tout de blanc vêtue, agite du haut des remparts un flambeau pour indiquer à ceux qui sont restés sur la plage que la voie est libre et qu'ils peuvent envahir la ville. Ménélas est d'abord très en colère contre Hélène. Mais lorsqu'il la voit si belle, bien qu'en larmes, il lui pardonne. « Retournons à la maison. Je veux retrouver mon palais et mes enfants. » La guerre est enfin terminée !

XI

LE RETOUR À SPARTE

Ménélas et Hélène sont si pressés de rentrer chez eux qu'ils oublient de faire des sacrifices aux dieux, comme c'est la coutume. Et cela va leur causer des tas de problèmes ! Pendant trois ans, ils naviguent d'île en île, jusqu'aux côtes égyptiennes où arrive un terrible accident... Le capitaine de leur navire est mordu mortellement par un serpent, puis le bateau s'échoue sur une île au large d'Alexandrie. Le couple s'en sort miraculeusement, et Ménélas déclare : « Cette île s'appellera désormais Pharos, comme notre courageux capitaine. »

Un nom qui donnera bientôt le mot « phare ».

HÉLÈNE LA MAGICIENNE

Le couple va rester cinq ans en Égypte, au pays des pharaons. C'est là qu'Hélène rencontre une certaine Polydamna, dont on dit qu'elle serait la femme du roi égyptien Thon. Elle connaît les herbes nécessaires aux potions magiques, les unes sont des poisons, les autres des remèdes. Hélène apprend auprès d'elle différentes recettes qu'elle appliquera à son retour en Grèce, comme cette potion qui permet aux hommes d'oublier la douleur et la colère. Après plus de quinze années passées loin de chez eux, Hélène et Ménélas reprennent enfin le chemin de Sparte.

LA MORT D'HÉLÈNE

Le couple vit paisiblement... Mais à la mort de Ménélas, Hélène est chassée de Sparte par les fils de son mari, qui ne l'aiment pas du tout. Elle trouve refuge chez la reine Polyxo, à Rhodes, une île splendide à l'est de la mer Égée. C'est là qu'elle meurt un beau matin. D'après la légende, elle est transportée à Leukè « la claire », une île nommée ainsi car elle est constituée de grès rose, presque blanc. Situé à l'embouchure du Danube, c'est un lieu paradisiaque où Hélène passera des jours heureux en compagnie d'autres héros de la guerre de Troie, comme Achille ou Hector.

XIV

LE SOUVENIR D'HÉLÈNE

Sa beauté est chantée par les poètes anciens, mentionnée par les historiens, saluée jusqu'à nos jours à travers de beaux tableaux, des opéras, des films et même des pâtisseries ! Le peintre Gustave Moreau, au XIXe siècle, en fait son modèle favori. Jacques Offenbach crée *La Belle Hélène*, un opéra en trois actes donné pour la première fois à Paris en 1864. Et un cuisinier, Auguste Escoffier, invente un dessert à sa gloire : la poire belle Hélène. Alors, maintenant, quand tu seras au restaurant et que tu choisiras une « poire belle Hélène », tu auras une pensée pour cette héroïne grecque dont tu connais enfin l'histoire.

L'ÉPOPÉE D'HÉLÈNE

LÉGENDE DE LA CARTE

FLEUVE EUROTAS (GRÈCE)

C'est sur les berges de ce petit fleuve grec, qui traverse Sparte, que naquit Hélène après la rencontre de sa mère et du cygne blanc.

SPARTE (GRÈCE)

La cité-État du Péloponnèse, où grandit Hélène, est connue pour l'éducation très stricte des enfants, d'où l'expression « éducation à la spartiate ».

MONT IDA (TURQUIE)

Ses plus hauts sommets, le Cotyle et le Gargare, dépassent les 1 770 m. C'est là que se déroula la scène du « jugement de Pâris ».

TROIE (TURQUIE)

L'Allemand Heinrich Schliemann découvre, vers 1870, sur le site d'Hissarlik, les ruines d'une ville, l'antique Troie, patrimoine mondial de l'Unesco.

STYX (GRÈCE)

Cette source est connue pour ses propriétés toxiques. Est-ce là que la mère d'Achille plongea le nouveau-né pour le rendre invulnérable ?

ÎLE DE TÉNÉDOS (TURQUIE)

Son nom turc est Bozcaada. Située à l'entrée du détroit des Dardanelles, Ménélas et Hélène y firent escale sur le chemin du retour vers Sparte.

ÎLE DE LESBOS (GRÈCE)

Escale de Ménélas et d'Hélène, cette île de la mer Égée est réputée depuis pour ses vins, son bois et son marbre, d'un bleu clair incomparable.

GORTYNE (CRÈTE)

Cette ville, citée dans les récits mythologiques, possède quatre théâtres, des temples, un hippodrome. Ménélas et Hélène vont s'y arrêter.

ÎLE DE PHAROS (ÉGYPTE)

C'est là que s'échoue le bateau de Ménélas et d'Hélène au large d'Alexandrie. Ils baptisent l'île du nom de leur capitaine, qui donnera le mot phare.

NIL (ÉGYPTE)

Le plus long fleuve du monde, 6 700 km, se jette dans la Méditerranée. Ses eaux favorisent l'agriculture et permettent de naviguer.

RHODES (GRÈCE)

Hélène s'y réfugie après la mort de Ménélas. À l'entrée du port s'élevait le colosse, l'une des Sept Merveilles du monde.

ÎLE DES SERPENTS (UKRAINE)

Cette île de la mer Noire, appelée aussi Leukè, doit son nom aux couleuvres qui y vivaient. Hélène et Achille s'y seraient retrouvés après leur mort.

- Collection -
BEAUX-LIVRES

Complétez votre collection sur

www.quellehistoire.com